Volkmar Röhrig/Hans-Günther Döring

Ein großes Ei zum Hasenfest

EDITION BÜCHERBÄR

Die Fahrt in den Teich

Die Sonne scheint auf den Wiesenhügel. Igor, der Igel, spaziert gut gelaunt den Weg entlang. Im Teich baden die Frösche und die Seerosen blühen.

Plötzlich tönt es laut »Klingling-klingling!«. Da kommt Harry, der Hase, auf seinem Fahrrad angebraust. Wie ein Rennfahrer beugt er sich über den Lenker, die langen Ohren flattern im Wind. Auf dem Rücken hat er einen Rucksack und am Rad hängt ein kleiner Wagen.

Igor winkt. »Hallo, Harry!«

»Keine Zeit!«, ruft Harry hastig. »Ich muss Eier holen. In drei Tagen ist Ostern!« Dabei tritt er noch kräftiger in die Pedale. In wilder Fahrt saust er den Hügel hinab.

»Pass auf!«, ruft Igor besorgt hinterher. »Die Kurve!«

Unten am Teich macht der Weg nämlich eine scharfe Kurve. Aber Harry ist viel zu schnell und rast geradeaus.

Wie eine Rakete fliegt er in den Teich: pitsch-patsch! Das Fahrrad fliegt mit: wumm-klatsch! Meterhoch spritzt das Wasser.

Der Hase strampelt wild mit Händen und Füßen, schluckt Wasser und schreit: »Hi-hilfe! I-ich ertrinke!«

Da lacht es ringsum: »Ha-ha, quak-quak! Das Wasser ist doch flach!«

Harry schaut sich zornig um. »Wer lacht mich aus?«

Wie viele Frösche sind im Teich versteckt?

Eine riskante Wette

Die Frösche lachen. »Der hat Angst vorm Wasser!« Und der kleinste Frosch quakt: »Angsthase, ätsch!«
Harry mustert grimmig die Frösche. Sie hocken im Teich, wo es tief ist. Dummerweise kann er nicht schwimmen. Deshalb droht er: »Ich habe keine Angst. Kommt doch her, ihr Teichhopser, ich verhaue euch alle!«
»Komm du her!«, quakt der kleine Frosch mutig.
»Ph, ich habe keine Lust!«, knurrt Harry. Plötzlich hat er eine Idee: »Außerdem muss ich jetzt die Ostereier holen. Dieses Jahr gibt es das aller-allergrößte!«
»Quaaak!«, staunen die Frösche. »Ein ganz großes Ei?«
»Klar!«, prahlt Harry und breitet die Arme ganz weit auseinander. »Und sooo dick.«

»Ein Riesenei?«, fragt der kleine Frosch neugierig.
»Und sooo super-mega-riesengroß!«, flunkert der Hase, reckt sich und streckt die Pfote hoch. »Aber ihr kriegt es nicht. Ihr kriegt zu Ostern gar keine Eier, nicht mal ein klitzekleines, ätsch-bätsch!«
Der kleine Frosch schluchzt traurig. »Ich will das Riesenei!«
»Alles Quark!«, quaken die anderen empört durcheinander. »Der Hase schwindelt! So ein Ei gibt es nicht! Wollen wir wetten?«

»Gibt es doch«, beharrt Harry trotzig.
Die Frösche stecken die Köpfe zusammen und beraten. Schließlich sagt der dickste: »Gut, wir wetten! Wenn du ohne das Riesenei zurückkommst, hast du verloren.
Dann kriegen wir jeder drei Ostereier! Abgemacht?«
»Aber grün müssen sie sein«, quakt der kleinste, »und mit bunten Schmetterlingen drauf!«

Harry starrt die Frösche erschrocken an. »So viele?«
»Genau«, antwortet der Dicke. »Grün und mit bunten Schmetterlingen darauf!«
Jetzt hat der Hase ein dickes Problem. Wenn er sich vor der Wette drückt, lachen ihn die Frösche als Angeber aus.

Wenn er aber wettet und verliert, werden sie ihn trotzdem auslachen. Außerdem muss er noch viele Eier bemalen – grün und mit Schmetterlingen darauf. Er muss also unbedingt ein Riesenei finden, egal, wo, egal, wie!
»Meinetwegen, ich gewinne doch sowieso!«, sagt Harry schließlich trotzig. »Aber dann kriege ich von euch einen nigelnagelneuen Schwimmreifen!«
»Wozu brauchst du denn einen Schwimmreifen?«, fragt der kleine Frosch neugierig.
Harry grinst. »Damit ich schwimmen kann. Und er muss lila sein, mit gelben Enten darauf, verstanden? Oder wollt ihr nicht mehr wetten?«
»Quatsch, quatsch!«, quaken die Frösche laut im Chor: »Die Wette gilt!«
In diesem Moment kommt auch Igor, der Igel, am Teich an. Er hatte das ganze Spektakel nur von weitem gesehen. »Was für eine Wette?«, fragt der Igel neugierig.

Viele, viele Eier

Der Hase strampelt und schnauft auf seinem Fahrrad. Sie sind auf dem Weg zum Bauernhof.

Der Igel sitzt gemütlich im Anhänger. »Das macht Spaß, so durch die Landschaft zu fahren, und die Bäume, Wiesen und Felder huschen vorbei. Gefällt's dir auch?«

Der Hase radelt und röchelt. Gerade führt der Weg einen Hügel hinauf.

»Kannst du schneller fahren?«, fragt Igor fröhlich.

Der Hase schwitzt und keucht. »Warum setze ich mich nicht in den Wagen und lasse dich strampeln?«

»Nein, danke«, wehrt der Igel lachend ab. »Du kannst viel besser fahren. Außerdem bin ich bestimmt leichter als dein Riesenei, hi, hi!«

»Hi, hi!«, äfft Harry ihn mürrisch nach. Die ganze Zeit muss er nämlich an das Riesenei denken.

Auf dem Hügel angekommen, holt Harry Limonade aus seinem Rucksack, eine Möhre und einen Apfel.

Harry beißt in die Möhre und gibt Igor den Apfel. Und die Limonade teilen sich beide.

Dann schauen sie auf das Dorf hinunter und Igor sagt:

»Ich sehe was, was du nicht siehst, und das ist rot.«

»Das Kirchturmdach!«, antwortet der Hase kauend.

»Falsch!«, sagt Igor und Harry muss weitersuchen.

Der rote Gegenstand wird von einem Ritter getragen. Was meint Igor?

Als Harry und Igor auf den Bauernhof kommen, bellt der Hund. Erschrocken rollt sich der Igel zusammen.
»Hallo, Hasso!«, ruft der Hase. »Erkennst du mich nicht?«
Der alte Hasso wedelt mit dem Schwanz. »Klar, Harry! Aber was ist das für eine stachlige Kugel in deinem Wagen?«

Der Hase lacht. »Das ist mein Freund Igor.«
»So, so!«, knurrt Hasso und umschleicht misstrauisch den Anhänger. »Warum igelt er sich ein?«
»Weil du wie ein gefährlicher Kampfhund angestürmt bist«, erwidert Harry.
Hasso guckt streng. »Ich passe hier auf und wache! Es darf nicht jeder auf den Hof.« Doch dann zwinkert er Igor zu. »Als Harrys Freund kannst du natürlich rein.«

»Haaarry!«, kräht es laut und energisch über den Hof. »Ich warte!« Es ist Hubert, der stolze Hahn. Breitbeinig und aufgeplustert steht er vorm Hühnerstall.
»Ich komme!«, ruft Harry. »Ich eile! Ich bin schon da!«
Hubert zeigt vorwurfsvoll auf die Uhr. »Weißt du nicht, was Pünktlichkeit ist? Jeden Tag stehe ich um fünf Uhr auf und steige auf den Misthaufen, obwohl es da wirklich nicht gut riecht. Doch ich krähe, damit die Hühner wach werden und du rechtzeitig deine Eier kriegst.«
Harry lässt schuldbewusst die Ohren hängen.
»Entschuldige, ich hatte einen kleinen Unfall!«

Etwas besänftigter kräht Hubert: »Schau dir die Eier an!« Er hebt den Deckel von einer Holzkiste. Da liegen über hundert Eier im Stroh.
»So viele Eier«, staunt Igor.
»Wunderbar!«, sagt Harry. »Aber hast du vielleicht noch ein größeres Ei. Ungefähr so.« Dabei macht er die Arme ganz breit und hoch.
Der Hahn reißt ungläubig die Augen auf: »Sooo groß? Da müssen wir meine Frauen fragen.«

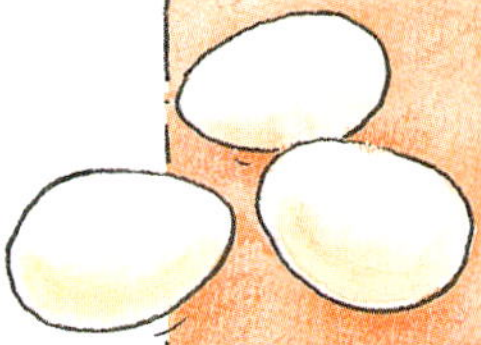

Der Aufstand der Hühner

Nach Huberts Frage herrscht im Stall ein furchtbares Durcheinander. Wild flattern und rennen die Hühner hin und her. Sie recken ihre Hälse und plustern sich auf. Sie gackern und geifern empört.

Sie schimpfen und schreien immer lauter:

»So groß? So groß? So groß?«

Harry versteckt sich erschrocken hinter Hubert, dem Hahn. Einen solch wütenden Tumult hat er bei den Hühnern noch nie erlebt. Igor kriecht furchtsam ins Stroh.

»Bitte beruhigt euch!«, kräht der Hahn.

Die Henne Helga gackert aufgeregt. »Soll ich mit diesem kleinen Popo etwa Monstereier legen?«

»Gack-gack, schnick-schnack!«, gackern alle Hühner.

»Wir liefern beste Qualität in Einheitsgröße. Bei uns ist ein Ei wie das andere!«

»So ist es!«, fährt Helga fort. »Wenn dem Langohr unsere Eier nicht passen, soll er sich selbst welche legen, basta!«

Harry will etwas sagen, doch da fliegt ihm plötzlich ein Ei in den Mund. Das nächste klatscht ihm auf die Stirn, das dritte trifft Hubert am Kamm. Dann prasseln und fliegen die Eier.

»Raus! Rettet euch! Raus!«, kräht Hubert hilflos.

Wie viele Mäuse haben sich im Stall versteckt?

Harry ist total mit Eiern bekleckert. »Schöne Eierei!«, schimpft er. »Ich dachte, du bist hier der Chef im Stall! Aber deine Hühner tanzen dir ja auf dem Kopf herum.«
Hubert lässt verlegen die Schwanzfedern hängen. »Es ist nicht einfach mit so vielen Frauen.«
Auch Harry lässt die Ohren hängen. »Und wie bekomme ich jetzt das Riesenei?«

»Da kommen Evi und Eddi!«, sagt Hubert. »Fragt die mal. Sie sind größer als wir Hühner, deshalb legen sie größere Eier.«
»Aha, so ist das?«, murmelt Igor nachdenklich.

Evi ist die Ente und Eddi der Enterich. Hand in Hand watscheln sie über den Hof und schieben einen Kinderwagen vor sich her. Dabei küssen sie sich dauernd.
»Juhu, wir haben uns verliebt!«, ruft Evi glücklich und Eddi freut sich: »Wir feiern bald Hochzeit!«
»Herzlichen Glückwunsch«, sagt der Hase. »Legt ihr auch Eier?«

Evi zeigt stolz in den Kinderwagen. »Unser erstes! Ist es nicht süß?«

Neugierig guckt Harry in den Wagen. Da liegt ein schönes, dickes Ei, riesig ist es aber nicht. »Könnt ihr noch größere machen?«, fragt er.
Evi kichert, Edi schüttelt den Kopf.
»Schade«, murmelt Harry enttäuscht. »Aber wen könnte ich sonst noch fragen?«

Der Spott der Kühe

Hubert zuckt ratlos die Schultern und zeigt zur Kiste. »Willst du unsere Eier noch?«

»Na klar!«, erwidert Harry. »Oder soll Ostern ausfallen?«

Hase und Hahn heben die Eierkiste hoch.

»Uff, ist die schwer!«, stöhnt Harry.

»Wo steckt der Igel? Immer, wenn es Arbeit gibt, verdrückt er sich!«

Plötzlich ertönt ein Schrei aus dem Kuhstall. »Igitt-igitt! Hilfe!«

»Das ist Igor!«, sagt Harry. »Was hat der wieder angestellt?«

Im selben Augenblick ertönt ein Muhen, Lachen und Trampeln. Es ist so ein Spektakel, dass der ganze Kuhstall wackelt.

Hase und Hahn flitzen hin und reißen verwundert die Augen auf. Was ist mit den Kühen los? Sie tanzen herum, sie kugeln und rollen sich am Boden, sie hüpfen auf einem Bein oder machen Handstand. Sie lachen und muhen und am lautesten lacht die große Kuh Karla.

Aber wo ist Igor?

Wo ist Igor?

Der Igel steckt mitten in einem Kuhfladen und schimpft: »So eine Schweinerei! Igitt-igitt! So eine Gemeinheit!«

»Was hast du gemacht?«, fragt Hubert erstaunt.

»Gar nichts!«, jammert Igor und zeigt auf Karla.

»Die hat mir auf den Kopf gekackt!«

Harry sieht Karla vorwurfsvoll an. »Warum?«

Die Kuh hüpft lachend von einem Bein auf das andere.

»Der Kleine hat mich neugierig gefragt, ob ich große Eier legen kann, ha, ha! Da habe ich ein großes braunes Ei fallen lassen, plumps, hu, hu!«

»Huhu, muh-muh!«, lachen die Kühe »Wir legen Eier!«

Da müssen auch Hubert und Harry lachen.

»Wie kommst du bloß darauf, dass Kühe Eier legen?«, fragt der Hahn kopfschüttelnd.

»Na wegen dem Riesenei!«, erwidert Igor wütend.

»Weil du gesagt hast, dass große Tiere größere Eier legen!«

Karla lacht und schnappt sich Igor. »Komm, mein Kleiner, ich befreie dich von dem braunen Ei!«

Und dann wirft sie ihn, plumps, in ein Wasserfass.

»Du stinkst immer noch!«, meckert Harry nach Igors Bad.

Beleidigt geht der Igel weg. Da spaziert mit anmutigen Schritten die Katze Kati vorbei.

»Warum bist du traurig?«, fragt sie Igor.

»Alle sagen, ich stinke«, meint der Igel verschämt.

Kati schnuppert und schüttelt sich. Dann holt sie ein Fläschchen aus ihrer Tasche und bespritzt ihn.

»So, nun duftest du wie eine Rose«, säuselt Kati.
»Danke!«, sagt Igor glücklich und rennt zurück zu Harry.
Der Hase sitzt schon auf dem Rad.
Da bringt die Kuh Karla eine Flasche Milch.
»Hier, Kleiner«, sagt sie zum Igel. »Bist du noch böse?«
»Ach wo!«, sagt Igor.
Dann radelt Harry mit dem Igel auf dem Gepäckträger los.
Die Kühe muhen zum Abschied, die Hühner gackern.
Hubert kräht, Kati winkt und Hasso öffnet das Tor.
»Komisch«, sagt Harry. »Wieso riecht es plötzlich nach Rosen?«

Der Rat der Störche

Das Dorf liegt hinter ihnen. Sie rasten wieder auf dem Hügel, Igor trinkt seine Milch. »Warum trinkst du nicht?«, fragt er. »Milch schmeckt und macht stark.«

Harry schüttelt traurig den Kopf. »Ich muss an das Riesenei denken.«

Igor nickt. »Wir haben fast alle gefragt. So ein großes Ei gibt es nicht!«

Der Hase schaut enttäuscht.

Plötzlich sehen sie zwei Störche am Himmel.

Igor ruft aufgeregt: »Sieh doch, die Störche!«

»Na und?«, mault der Hase.

»Wir müssen die Störche fragen«, sagt Igor eifrig.

»Die fliegen weit und kennen sich in der ganzen Welt aus!«

Harry räuspert sich nachdenklich. »Meinst du?«

Igor ist überzeugt. »Natürlich!«

»Los, hinterher!«, ruft der Hase entschlossen.

Der Weg führt mal nach rechts, dann wieder nach links.

Die Störche jedoch fliegen am Himmel geradeaus.

Also fährt Harry auch schnurgerade über die Felder.

Das Rad holpert, der Anhänger hüpft, die Kiste darauf hüpft mit und Igor jammert auf dem harten Gepäckträger.

»Aua, mein Hintern!«, ruft er. »Denk an die Ostereier!«

»Die liegen sicher im Stroh!«, erwidert der Hase und fährt noch schneller. Endlich landen die Störche auf einem hohen Turm, wo sie wohnen. Doch nirgends ist eine Leiter oder Treppe zu sehen. »Halloooo!«, ruft Igor laut. »Was gibt es?«, klappert von oben ein Storch. »Es gibt ein Problem!«, sagt Harry. »Könnt ihr uns helfen?«

Harry hat alles erzählt. Stefan, der Storch, denkt nach und sagt schließlich: »So ein Ei findet ihr nur in Afrika.«
»Ja, ja«, sagt Stefanie Storch eifrig. »Im Winter fliegen wir immer hin, weil es dort warm ist! Da gibt es Pyramiden und Urwald, Affen und Elefanten, Giraffen und Löwen, Nashörner und –«
»Papperlapapp«, unterbricht Stefan. »Da gibt es den Vogel Strauß, der legt große Eier.«
Der Igel reißt erstaunt die Augen auf. »Größere Eier als die der Enten?«
Stefan nickt. »Mindestens dreimal so groß.«
Harry zappelt ganz aufgeregt. »Wie weit ist es mit dem Rad bis Afrika?«
»Mit dem Fahrrad?«, fragt Stefanie Storch erstaunt.
»Viele Wochen!«
»Das schaffen wir nie!«, sagt Harry wieder enttäuscht.
»In drei Tagen ist Ostern!«

Die Schokoladenfabrik

Traurig fahren Hase und Igel nach Hause. Harry fährt diesmal einen Umweg. Er möchte sich jetzt nicht am Teich von den Fröschen auslachen lassen. Es ist schlimm genug, dass er die Wette verloren hat und viele Eier bemalen muss – grün und mit Schmetterlingen darauf.
Plötzlich steht ein großes Schild am Wegrand:

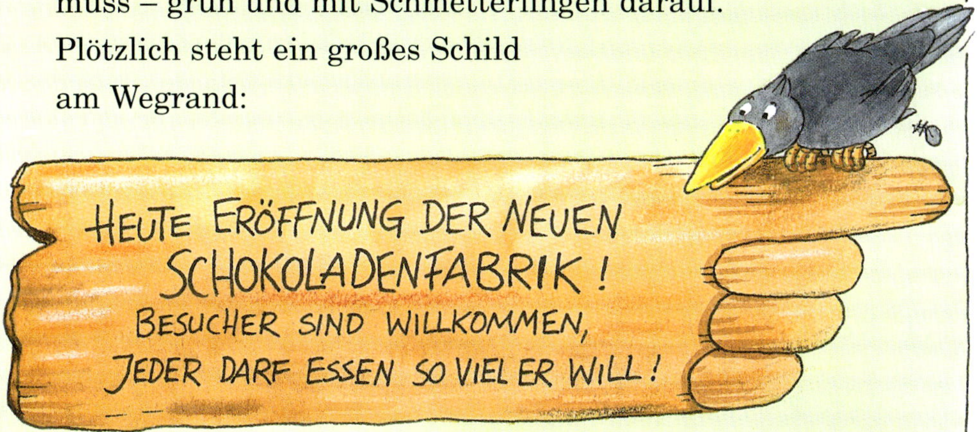

»Oh!«, freut sich Igor. »Ich war noch nie in einer Schokoladenfabrik. Und wir können so viel Schokolade essen, bis wir platzen!«
Aber Harry schüttelt den Kopf. »Keine Zeit. Ich muss noch alle Eier bemalen und verstecken.«
»Bitte, bitte!«, drängelt der Igel. »Nur mal gucken! Ich helfe dir dann später. Ich bin ein großer Malkünstler und außerdem der beste Eierverstecker!«

Die Schokoladenfabrik der Familie Dachs ist tatsächlich sehr interessant.
Igor hat vom Naschen einen verschmierten Mund und Dagobert Dachs erklärt, wie Schokolade hergestellt wird.
Aus verschiedenen Fässern schütten die Dachse Kakaopulver und Zucker, Nüsse und Milch, Butter und Fett in riesige Kessel. Darunter brennt ein großes Feuer. Die Dachse rühren alles zu einem Brei. Den gießen sie in kleine, flache Formen.
»Wenn der Brei abgekühlt ist«, erklärt Dagobert Dachs, »kippen wir die Formen um und fertig sind die Schokoladetafeln.«
Harry läuft zu einem der Kessel und Igor schaut sich die Schokoladeformen an. Plötzlich hat er eine Idee.
»Pst!«, flüstert er zu Dagobert. »Kannst du auch andere Formen machen, dick und rund und groß?«
Der Dachs sieht ihn erstaunt an. »Wie groß?«
»Ungefähr so«, flüstert Igor, breitet die Arme ganz weit auseinander und hält sie hoch.
»Oh!«, sagt der Dachs überrascht. »Bisher haben wir nur Tafeln gemacht.«
Im selben Augenblick platscht es. Aufgeregt rennen die Dachse zu einem der Kessel und ziehen etwas Großes heraus. Es ist Harry. Er ist völlig mit Schokolade überzogen!

Wer wollte gerade ein paar Nüsse stehlen?

Die Osterfest-Überraschung

In den letzten zwei Tagen hat Harry viele Eier bemalt – auch grüne und mit Schmetterlingen darauf. Igor hat dabei geholfen.
Zwar sind auf seinen Eiern die Pinselstriche oft krumm, die Sonnen sehen aus wie Pfannkuchen, die Blumen wie vom Wind zerzaust. Die allermeiste Farbe klebt an seinen Händen und im Gesicht. Der Igel jedoch ist stolz.
»Ich habe ja gesagt, dass ich ein großer Malkünstler bin! Nun werde ich die Eier so gut verstecken, dass sie nicht mal Hassos Spürnase findet!«
Harry mustert Igors Eier. »Na ja, dieses Jahr freue ich mich sowieso nicht auf Ostern.«
Aber Igor, der Igel, lacht und zwinkert geheimnisvoll.
»Ich wette, dass es das allerschönste Fest wird!«
Harry tippt sich an den Kopf. »Ich wette nie wieder!«
Als die Eier versteckt sind, schaut Igor unruhig auf die Uhr.
»Da kommen sie schon«, mault Harry. »Und die Quaker natürlich vornweg!«
Da lacht Igor und macht einen Freudensprung.
»Guck mal, Harry, was da noch kommt!«

Wo haben die Frösche Harry´s Osterüberraschung versteckt?

Alle bestaunen das Riesenei aus allerfeinster Schokolade.

»So groß! So groß!«, gackern die Hühner und die Frösche quaken begeistert. Die Dachse sind stolz und der Hase ist sprachlos.

»Du musst deine Festrede halten«, raunt der Igel ihm zu. Harry nickt glücklich.

»Liebe Freunde!«, sagt er. »Ich wünsche euch ein frohes Osterfest! Wie in jedem Jahr habe ich viele Eier versteckt. Die müsst ihr nun finden!«

»Juhu!«, rufen die Tiere und flitzen kreuz und quer über die Wiese, um die Eier zu suchen.

Harry umarmt Igor. »Das war deine Idee mit dem Schokoladenei, stimmt's?«

»Klar!«, sagt Igor lachend. »Weil du mein Freund bist.«

Als alle Eier gefunden sind, bringt der Dachs einen Sack. »Das ist meine neueste Erfindung!«, sagt er und hält einen Hasen aus Schokolade hoch. Der sieht aus wie Harry, nachdem er in den Kessel gefallen war.

»Und jeder von euch kriegt einen!«

»Hurra! Klasse! Super!«, jubeln die Tiere.

Dann rufen die Frösche: »Harry, wir haben auch noch eine Überraschung für dich! Die musst du aber erst mal finden, wir haben sie nämlich gut versteckt!«

Harry schaut sich erstaunt um.

»Deine Überraschung ist lila und gelbe Enten sind drauf«, quakt der kleinste Frosch.